Königssschlösser

NEUSCHWANSTEIN
und
HOHENSCHWANGAU

34 Farbbilder

Flößerstraße 2 • D-86983 Lechbruck

König Ludwig II. von Bayern, der Erbauer der Schlösser Neuschwanstein (1869–1886), Linderhof (1874–1878) und Herrenchiemsee (1878–1886) – auf umseitigem Bild in Generalsuniform mit Krönungsmantel – schrieb am 13. Mai 1868 an Richard Wagner: »Ich habe die Absicht, die alte Burgruine Hohenschwangau bei der Pöllatschlucht neu aufbauen zu lassen, im echten Stil der alten deutschen Ritterburgen ... Der Punkt ist einer der schönsten, die zu finden sind ...«

DIE VORHALLE

Durch den roten Gang, über das kunstvolle Haupttreppenhaus aus unpoliertem Untersberger Marmor, betritt man im 3. Stockwerk die Vorhalle. Sie trennt die Wohngemächer des Königs vom Repräsentationsraum, dem Thronsaal, der durch das Marmorportal auf der rechten Seite erreichbar ist. Die Wandgemälde (von Prof. W. Hauschild) versinnbildlichen Ausschnitte aus dem ersten Teil der nordischen Sigurd-Sage (älteste Fassung der Siegfried-Sage, des Nibelungenliedes). Darstellungen aus dem zweiten Teil sind im Vorraum des 4. Obergeschosses zu sehen.

Die Vorhalle wird von einem mit buntfarbigen Malereien geschmückten romanischen Kreuzrippen-Gewölbe überdeckt, dessen Abwärtsbogen in Marmor-Kapitellen mit Ritter- und Tierdarstellungen enden. Die Lüster, eine Arbeit der Münchner Werkstätte Moradelli, sind aus bemaltem Schmiedeeisen gefertigt. An den Wänden schwere, geschnitzte Bänke aus Eichenholz, mit Kissen aus geprägtem Schweinsleder.

Die trapezförmige Anlage der Halle ist durch eine Krümmung des Felsplateaus bedingt, das als natürliches Fundament des Schlosses dient.

DER THRONSAAL

Der Thronsaal ist eine Repräsentationshalle im byzantinischen Stil (Entwurf E. Ille und J. Hofmann). Stufen aus Carrara-Marmor führen zur Apsis, die einen Thron aus Gold und Elfenbein umschließen sollte. Die Apsis blieb leer, da nach dem Tod des Königs alle Arbeiten, die vorgesehen, jedoch noch nicht begonnen waren, nicht mehr ausgeführt wurden. Die Gemälde (von W. Hauschild) zeigen unter anderem die zwölf Apostel, sechs heiliggesprochene Könige und Ausschnitte aus deren Leben. Die Apsis wird gekrönt von Christus mit Maria und Johannes dem Täufer. Im Hintergrund des Saales das Gemälde »St. Georgs Kampf mit dem Drachen«. In diesem Bild, links oben auf dem Felsen, ist das geplante vierte Schloss des Königs, die Burg Falkenstein, zu sehen. Dieser Bau, der 1886 begonnen werden sollte, unterblieb jedoch durch den Tod des Königs.

Die Galerie wird von Säulen aus imitiertem Porphyr getragen. Die Säulen auf der Galerie bestehen aus Stuck-Lapislazuli. Der große Lüster, in Form einer byzantinischen Krone, ist wiederum aus vergoldetem Messing angefertigt und trägt 96 Kerzen. Mit einer Winde kann dieser 18 Zentner schwere Leuchter zum Reinigen und Auswechseln der Kerzen heruntergelassen werden.

Eine besonders schöne Arbeit (von Detoma, Wien) ist der Mosaikfußboden des 15 m hohen und 20 m langen Saales. Aus mehr als 2 Millionen Steinchen geschaffen, symbolisiert er das Leben der Tiere und Pflanzen auf dem Erdenkreis.

DER SÖLLER

Der Söller des Thronsaales bietet einen schönen Ausblick in die bayerischen und Tiroler Alpen. Im Hintergrund die mächtige Kette der Thannheimer Berge, davor, eingebettet zwischen dichten Wäldern, die beiden Seen: links der Alpsee, rechts der etwas kleinere Schwansee. Zwischen diesen beiden Gewässern liegt das alte Schloss »Schwanstein«, das heutige »Hohenschwangau«. Diese Burganlage wurde bereits im Jahre 955 erwähnt, sie kann also auf eine reiche Geschichte zurückblicken.

Für den Besucher des Schlosses Neuschwanstein ist auch Hohenschwangau besonders sehenswert. Ludwig II. verbrachte dort 17 Jahre seiner Kinder- und Jugendzeit und empfing wohl dort schon entscheidende Eindrücke, die letzten Endes zu Bau und Gestaltung von Neuschwanstein führten.

Mitte des 19. Jahrhunderts hatte bereits Maximilian II., Vater König Ludwigs II., die Absicht, das alte Schloss Vorderhohenschwangau (an dessen Stelle das heutige Neuschwanstein steht) wieder aufbauen zu lassen.

Im Jahre 1867, einer Zeit großer Arbeitslosigkeit, gab Ludwig II. seinem Hofgärtner Karl Effner den Auftrag, verschiedene Projekte auszuarbeiten, um seinen Untertanen Erwerbsmöglichkeit zu verschaffen. Hierbei dürfte er auf das nicht verwirklichte Projekt seines Vaters gestoßen sein. 1868 begannen die Vorarbeiten zum Bau »der Neuen Burg zu Hohenschwangau« und am 5. 9. 1869 wurde der Grundstein für das heutige Schloss Neuschwanstein gelegt.

DAS SPEISEZIMMER

Auf den Gemälden des Speisezimmers sind Szenen aus der Wartburg zur Zeit des sagenhaften Sängerkrieges (um 1207) dargestellt. Richard Wagner hat dieses Thema zusammen mit der Tannhäusersage als Vorlage zu einer seiner schönsten Opern gewählt. Die Bilder sind von dem bekanntesten Maler, der auf Neuschwanstein gearbeitet hat, Ferdinand Piloty aus München, gemalt worden. Über der mit weinroten Seidenvorhängen umrahmten Türe ist Wolfram von Eschenbach, der Dichter von »Parzival« (1170-1220), bildlich dargestellt. Oberhalb der Türe zum Dienerzimmer Gottfried von Straßburg (»Tristan und Isolde«, um 1210).

Auf Schloss Neuschwanstein gibt es kein sog. »Tischleindeckdich« wie in den Schlössern Linderhof und Herrenchiemsee. Der Einbau einer entsprechenden Anlage war technisch nicht möglich, weil die Küche drei Stockwerke unter dem Speisezimmer gelegen ist. Die Speisen wurden mit einem Speiseaufzug aus der Küche heraufgeholt.

Der Tafelaufsatz auf dem Ausziehtisch ist aus vergoldeter Bronze gearbeitet (Entwurf: Widmann, Ausführung: Wollenweber, München). Die Plastik zeigt Siegfrieds Kampf mit dem Drachen. Der Sockel dieser Tischdekoration ist aus poliertem Carrara-Marmor angefertigt. Links und rechts neben dem Tisch zwei reich geschnitzte Besteck-Schränkchen.

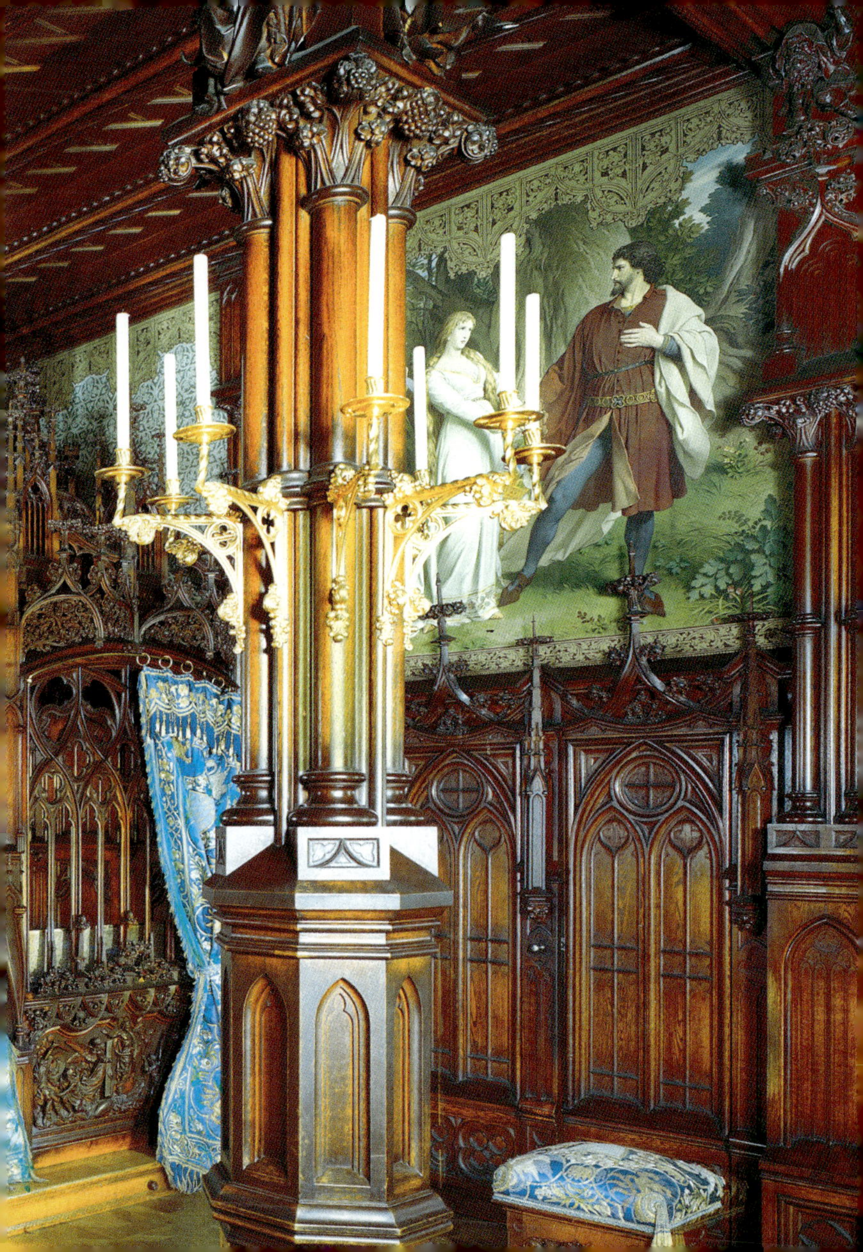

DAS SCHLAFZIMMER

Der einsame König besaß eine Vorliebe für prunkvolle Schlafzimmer. So weist der im spätgotischen Stil gehaltene Raum herrliche Eichenholzschnitzereien auf, vor allem am Baldachin des Bettes, am Waschtisch, am Lesestuhl und an der Mittelsäule. Die Schnitzereien am Fuße des Bettes versinnbildlichen in Anspielung auf das symbolische Verhältnis von Schlaf und Tod die Auferstehung Christi. Das Bild am Kopfende des Bettes, die Nachbildung einer Ikone (von J. Frank), ist auf vergoldetem Kupfer gemalt.

Die Wandgemälde zeigen Szenen aus der Sage »Tristan und Isolde«, deren musikalische Darstellung Richard Wagner in einem seiner Werke verewigte. Die Vorhänge und Bezüge in Bayerischblau, der Lieblingsfarbe des Königs, sind mit dem bayerischen Wappen, dem Schwan und dem Wittelsbacher Löwen bestickt.

Am Waschtisch war fließendes Wasser vorhanden. Die Wasserleitung wurde von einer Quelle gespeist, die ca. 200 m höher als das Schloss liegt, so dass der natürliche Druck ausreichte, um das ganze Schloss bis in die höchstgelegenen Räume mit Wasser zu versorgen.

Durch das Balkonfenster des Schlafzimmers bietet sich ein herrlicher Blick auf die Pöllatschlucht mit dem 45 m hohen Wasserfall. Dahinter das mächtige Säuling-Massiv (2045 m ü. M.).

DIE HAUSKAPELLE

Der kleine Betraum Ludwigs II., der im neugotischen Stil eingerichtet ist (nach Entwürfen von J. Hofmann, München), wird vom reichgeschnitzten Flügelaltar beherrscht. Am Altartisch ein sehr wertvolles Elfenbein-Kruzifix (von A. Dießl). Bilder und Fenstermalereien zeigen Ausschnitte aus dem Leben Ludwigs IX., des Heiligen, von Frankreich (Gemälde: W. Hauschild, Fenster: F. Mayer, München).

König Ludwig II. wurde am 25. 8. 1845 im Schloss Nymphenburg zu München geboren. Schon im Alter von 19 Jahren wurde er am 10. 3. 1864 nach dem Tode seines Vaters, Maximilian II. König von Bayern. Am 22. l. 1867 verlobte er sich mit Prinzessin Sophie von Bayern, einer Schwester der Kaiserin Elisabeth von Österreich, jedoch wurde diese Verlobung am 10. 10. 1867 wieder aufgelöst. Ludwig II. blieb dann bis zu seinem Tod allein.

Neuschwanstein war das erste Schloss, das sich der romantisch veranlagte König erbauen ließ, später folgten noch Linderhof und Herrenchiemsee. Auf Neuschwanstein sollte sich auch sein tragisches Schicksal erfüllen, denn am 11. 6. 1886 wurde Ludwig II. hier von einer Kommission aus München abgeholt, für entmündigt erklärt und nach Schloss Berg am Starnberger See verbracht, wo er am 13. 6. 1886 unter geheimnisvollen Umständen im See ertrunken ist. Als er starb, war er erst 41 Jahre alt. So eigenartig sein Leben einem nüchternen Menschen der Gegenwart auch anmutet, Ludwig II. war und ist auch heute noch der Lieblingskönig des bayerischen Volkes.

DAS ANKLEIDEZIMMER

Das Ankleidezimmer ist der einzige der königlichen Wohnräume ohne Holzdecke. Das Deckengemälde – den Eindruck einer offenen Laube erweckend – und die Wandbilder wurden von dem Schwind-Schüler Eduard Ille geschaffen. Die Wandgemälde enthalten Darstellungen aus dem Leben des Minnesängers Walther von der Vogelweide (1170-1230). Über der Eingangstüre: Walther von der Vogelweide im Kreise seiner gefiederten Freunde. Links daneben: Illustration zum Minnelied »Unter der Linde«. Über dem Waschtisch: Walther singt vor Herzog Welf VI. (Dieser Welfenherzog liegt in der Kirche zu Steingaden begraben.) Das Bild über dem Ofen weist wieder ein Wagner-Thema auf: Die Meistersinger von Nürnberg. Rechts neben dem Meistersingerbild die Illustration zum wohl bekanntesten Gedicht Walthers von der Vogelweide »Ich saß auf einem Steine« – im Hintergrund die Wartburg. Auf dem Tischchen im Erker die Schmuckkassette des Königs, deren Vorderseite ein wertvolles Gemälde (von Spieß) ziert: Das Recht der ersten Brautnacht – Jus primae noctis (nach einem Gemälde von Garnier). Vorhänge und Kissenbezüge hier in violetter Seide, mit dem Pfauenmotiv bestickt.

Dem Blick durch das Fenster bietet sich der obere Schlosshof und der Torbau, in dem Ludwig II. von 1873 bis 1884 zeitweilig gewohnt hat.

An der Türe zwischen Wohnzimmer und Ankleidezimmer der wohl schönste Türbeschlag des Schlosses.

DAS WOHNZIMMER

Durch eine künstlich angelegte Tropfsteinhöhle (von A. Dirrigl, München), am Wintergarten vorbei, gelangt man in das königliche Wohnzimmer. Es besteht aus dem großen Salon und, durch Säulen abgeteilt, einer kleineren Sitzecke, dem sog. Schwanen-Eck. Das Thema der Wandgemälde (von Heckel und Hauschild) ist hier die Lohengrin-Sage, von der Richard Wagner zu seiner Oper »Lohengrin« schöpferisch inspiriert wurde. Über dem Ofen: Lohengrins Ankunft in Antwerpen. Gegenüber: das Gralswunder – Parzival bestimmt seinen Sohn Lohengrin als Kämpfer für Elsa von Brabant. Weitere Szenen aus Lohengrin sind im Schwanen-Eck abgebildet.

Die Türen des großen romanischen Bücherschrankes schmücken Bilder (von F. Piloty) aus den Sagen Tristan und Isolde, Parzival und Siegfried. Das Original dieses Schrankes steht auf der Wartburg in Thüringen. König Ludwig II. hat dieses Möbelstück für sein Schloss Neuschwanstein rekonstruieren lassen. Auf dem Kachelofen eine große Blumenvase aus Nymphenburger Majolika in der Form eines Schwanes, des Lieblingstieres Ludwigs II. Der Leuchter, aus vergoldetem Messing, ist mit 48 Kerzen bestückt. Die Schmucksteine auf Beleuchtungskörpern und Säulen sind aus gefärbtem böhmischen Glas hergestellt, Bezüge und Vorhänge, aus hellblauer Seide, sind mit Schwanenmotiven bestickt. Die Schmiedeeisen-Beschläge an den Türen (von Moradelli, München) bezeugen in Form und Vielfalt die hervorragenden Leistungen des damaligen Kunsthandwerks.

DAS ARBEITSZIMMER

Das königliche Arbeitszimmer ist im romanischen Stil gehalten, entsprechend der Wartburg, die mit als Vorbild zum Bau des Schlosses Neuschwanstein diente.

Sämtliche Holzarbeiten sind, wie in der ganzen Königswohnung, in astfreier Eiche ausgeführt (von Pössenbacher und Ehrengut, München). Die Beleuchtungskörper (von Wollenweber, München) bestehen auch hier aus vergoldetem Messing.

Die meisten Gemälde des Schlosses enthalten Motive, die auch als Themen für Richard Wagners Bühnenwerke dienten. So ist hier auf den Wandbildern des Arbeitszimmers die Sage um Tannhäuser und den Sängerkrieg auf der Wartburg (von J. Aigner) dargestellt. Über dem Ofen: Tannhäuser spielt zum Tanz auf. Über dem romanischen Bücherschrank: Tannhäuser im Venusberg. Links daneben: Tannhäuser als Büßer bei Papst Urban IV.

Die Vorhänge und Bezüge aus schwerer grüner Seide sind handbestickt und mit dem bayerischen Rautenwappen in Gold und Silber verziert.

Das in seiner Ausstattung wesentlich einfacher gehaltene Vorzimmer zum Arbeitszimmer war für den Adjutanten des Königs bestimmt. Die Vorhänge und Möbelbezugsstoffe sind hier aus blauem, mit Goldfäden durchwirktem Wollstoff angefertigt. Das Adjutantenzimmer war damals schon mit einer elektrischen Rufanlage ausgestattet.

DER SÄNGERSAAL

Aus dem Festsaal der Wartburg (Gesamtanlage der Halle und Raumaufteilung) und dem dortigen Sängersaal (Sängerlaube) »komponierte« König Ludwig II. den Sängersaal des Schlosses Neuschwanstein. Die Gemälde im Saal und im Tribünengang sind der Parzival-Sage entnommen, aus der Richard Wagner sein größtes Bühnenwerk schuf. Der größte Teil der Bilder sind Werke von Prof. Spieß und Ferd. Piloty, beide aus München. Das Bühnenbild, »der Zaubergarten Klingsors«, ist eine Arbeit des Münchner Hoftheatermalers Christian Jank, von dem auch die meisten Entwürfe für die Außenfassade des Schlosses Neuschwanstein stammen.

Über den beiden Türen neben der Bühne das Wappen der Wittelsbacher mit der Inschrift: »Ludwig II., König von Bayern, Pfalzgraf«. Diese Inschrift ist im ganzen Schloss der einzige Hinweis auf den Erbauer. (Die Büste in der Vorhalle des l. Obergeschosses wurde erst 1988 aufgestellt!)

Zu Lebzeiten Ludwigs II. wurde dieser Saal nie benützt. Erst 1933, zum 50. Todestag Wagners, bis 1939 wurden hier große Festkonzerte veranstaltet. Bei diesen Konzerten erstrahlte die Halle im zauberhaften Licht von über 600 Kerzen. Die gebrochene Fichtenholz-Kassettendecke verleiht dem Raum eine gute Akustik.
Nach einem erfolglosen Versuch im Jahre 1952 finden seit 1969 nun wieder jeweils im September Schlosskonzerte im Sängersaal statt. (Auskunft hierüber erteilt die Kurverwaltung der Gemeinde Schwangau, Tel.-Nr. 08362/8198-0.)

DIE SCHLOSSKÜCHE

Die Küche auf Neuschwanstein ist im Gegensatz zu den Schlossküchen in Linderhof und Herrenchiemsee noch vollständig erhalten. Das mächtige Gewölbe wird durch Säulen aus poliertem Stuck-Granit gestützt. Für die damalige Zeit äußerst fortschrittlich, war die Küche mit Anlagen für fließend Heiß- und Kaltwasser und auch schon mit funktionsfähigen vollautomatischen Drehspießen für Wild- und Geflügelbraten ausgestattet. Durch die aufsteigende Heißluft des Feuers in der Esse wurde in dem dicken Rohr über dem Spieß eine Turbine bewegt und diese Drehbewegung über ein Getriebe auf den Spieß übertragen (eine Erfindung Leonardo da Vincis).

Der Rauch des großen Ofens in der Mitte des Raumes wurde unterirdisch durch den Fußboden abgeleitet. Die zum Kamin ziehende Ofenhitze erwärmte zugleich das Geschirr im Plattenwärmer, der neben dem Backofen in die Wand eingebaut ist. Der Wasserhahn über dem aus einem Stück Granit herausgearbeiteten Fischbassin neben der Ausgangstüre hat die Form eines Schwanenkopfes. Die Küche war zwei Jahre voll in Betrieb.

Schon 1884 wurde Neuschwanstein zentral vom Keller bzw. Erdgeschoß durch Warmluft beheizt. Über Luftschächte strömte die heiße Luft in die Räume der Obergeschosse. Die großen Heizungsöfen sind in den Küchen-Nebenräumen untergebracht. Ein eigener Lastenaufzug bewältigte die Heranschaffung der Riesenmengen von Brennholz.

DIE MARIENBRÜCKE

Unmittelbar an der Südseite des Schlosses Neuschwanstein fällt der Felsen steil ab zur Pöllatschlucht. Diese wildromantische, tiefe Schlucht hat ihren Namen von der Pöllat, einem Gebirgsbach, der den 45 m hohen, unterhalb der Brücke gelegenen Pöllatfall speist. 92 m über der Schlucht führt in kühnem Bogen die Marienbrücke. Diese freitragende Brücke ist – älter als das Schloss Neuschwanstein – eine technische Meisterleistung der damaligen Zeit. Bereits im Jahre 1866 wurde die Konstruktion durch die königliche Familie der Firma MAN in Auftrag gegeben. Nach der Mutter Ludwigs II., Königin Marie (einer Prinzessin von Preußen), wurde der Steg später »Marienbrücke« genannt.

Der Weg über diese Brücke führt in Serpentinen zum Jagdhaus auf dem Tegelberg (heute ein Berg-Gasthaus). Die Wanderung zum Gipfel nimmt etwa 3 Stunden in Anspruch, kann aber auch bequemer mit der modernen Großkabinen-Seilbahn erreicht werden, deren Talstation sich zu Füßen des Schlosses Neuschwanstein befindet. Der Tegelberg ist einer der schönsten Aussichtsgipfel im bayerischen Alpenraum mit herrlicher Fernsicht, bei klarem Wetter bis München und zur Zugspitze.

Auf dem Weg zur Marienbrücke, vom Schloss Neuschwanstein kommend, berührt man den Aussichtspunkt »Die Jugend«. Bänke laden zum Verweilen ein, um das herrliche Panorama, das sich dem Beschauer bietet, genießen zu können.

KÖNIGSSCHLOSS HOHENSCHWANGAU

Schloss Hohenschwangau, ein Juwel der deutschen Romantik, hatte seine erste große Epoche kurz nach der Erbauung im 12. Jahrhundert und wurde zu einem Zentrum des Minnesanges. Erbauer und Herren der Burg waren die Ritter von Schwangau. Hiltpold v. Schwangau, einer der ersten uns namentlich bekannten Ritter, ist als Minnesänger im „Heidelberger Liederbuch“ (auch „Manessische Handschrift“) verewigt. Die Schwangauer Ritter waren erst Lehensleute der Welfen, später der Staufen, die häufig hier zu Gast waren.
Hier wohnte z.B. Prinz Konradin, der letzte Staufer, der, 16 Jahre alt, 1268 in Neapel enthauptet wurde.

Im 16. Jahrhundert starben die Schwangauer Ritter aus. Die Burg war dem Verfall preisgegeben. Sie wurde 1800 und 1809 in den Napoleonischen Kriegen stark beschädigt. Wegen der herrlichen Lage wurde die Ruine vom damaligen Kronprinzen Maximilian, dem späteren König Maximilian II. und Vater König Ludwigs II., gekauft und 1832–36 restauriert. Dabei wirkten bedeutende Künstler der Romantik mit, wie Moritz v. Schwind, Dominik Quaglio und viele andere, denen die heutige Ausstattung der 14 Besichtigungsräume zu verdanken ist.

König Ludwig II. verbrachte hier die meiste Zeit seines Lebens und hat hier auch Richard Wagner empfangen, der die Schlösser Neuschwanstein und Herrenchiemsee nie betreten hat. Der Charakter König Ludwigs II. dürfte von der Romantik des Schlosses Hohenschwangau entscheidend beeinflusst worden sein.

DIE SCHLOSSKAPELLE

Die frühere Waffen- und Trinkhalle, worin der Minnesang herrschte, wurde unter König Maximilian II. zur Schlosskapelle in neugotischem Stil umgebaut. Noch heute wird an Sonn- und Feiertagen hier eine Messe gelesen.

Die Rüstungen stammen aus dem 16. Jahrhundert. Die beiden Glasgemälde zeigen links Kaiser Ludwig, den Bayern, rechts den Kurfürsten Maximilian von Wittelsbach, Heerführer der katholischen Liga im 30-jährigen Krieg.

DAS BILLARDZIMMER

(ohne Abbildung)

Dieser Raum diente früher vor allem als Wartezimmer bei Audienzen.

Das englische Lochbillard stammt aus der Zeit König Maximilians II.
Die sehr kostbare Ordenssammlung birgt Auszeichnungen von Mitgliedern der bayerischen Königsfamilie.
Erwähnenswert sind auch ein handgeschnitztes Schreibpult mit Gästebuch-Kassette aus dem Besitz König Ludwig l., sowie ein Wappenschrank aus Elfenbein und vergoldetem Silber, ein Geschenk der bayerischen Gemeinden an Prinzregenten Luitpold zum 90. Geburtstag.

Des Schwan-Ritters Abschied vom Königshaus
und Fahrt auf dem Rhein mit dem Schwan-Schiff

DER SCHWANRITTERSAAL

Der frühere Speisesaal beeindruckt vor allem mit seinen Wandmalereien: Darstellungen aus der Sage vom Schwanenritter Lohengrin, jedoch keine Illustrationen der Wagner-Oper, die erst später entstand.

Stilistisch ist deutlich der Einfluss der romantischen Schule zu sehen. Allerdings sind diese Bilder nicht von Schwind, sondern von Christian Rüben entworfen und 1835 von Michael Neher und Lorenz Quaglio ausgeführt.

Beachtenswert ist auch der dreiteilige Tafelaufsatz aus Silber, ein Geschenk der bayerischen Schwaben zur Hochzeit des Kronprinzen Maximilian mit der Hohenzollernprinzessin Marie.

Der große Prunkteller aus vergoldetem Silber ist ein Geschenk des Kreises Oberbayern zum 70. Geburtstag des Prinzregenten Luitpold. St. Georg mit dem Drachen (Silber, teils vergoldet) war ein Geschenk der Offiziere seines Leibregimentes an Kronprinzen Rupprecht (1939).

Erwähnenswert ist auch das Tafelklavier der Königin Marie mit seinen herrlichen Einlegearbeiten.

Die Stühle in diesem Saal sind mit gepresstem Leder überzogen, teils vergoldet.

SCHYRENZIMMER

Das Ankleidezimmer der Königin Marie.

„Schyren" ist der veraltete Name der Wittelsbacher.

Die Wandmalereien zeigen Szenen aus der sehr alten Familiengeschichte dieses Herrschergeschlechtes. Sie wurden von Wilhelm Lindenschmit angefertigt.

Aufmerksamkeit verdienen auch die kolorierte Lithographie mit dem Bildnis König Maximilians II., die Bronzebüste seiner Gemahlin Marie (von Halbig, 1850), sowie im Erker die beiden großen Photographien vom jugendlichen König Ludwig II. und von seinem jüngeren Bruder Otto.

SCHLAFZIMMER DER KÖNIGIN ▶▶

1833 besuchte Kronprinz Maximilian die Türkei. Daher erklärt sich der türkische Stil dieses Raumes, der ausserdem dem Geschmack der Romantik entsprach.

Die Kanapees sind Geschenke des türkischen Sultans Muhamed II. an den bayerischen Kronprinzen.

Die Wandmalereien veranschaulichen Stationen seiner Orientreise. Sie wurden nach Originalskizzen des Malers Widmer von dem Schweizer Wilhelm Scheuchzer 1836 angefertigt.

von Schwangau.
gebenheiten der Umgegend.
Bestürmung des
durch Georg von
Luthers Flucht von Augsburg
unter Langemantels Schutz 1518.

◀ ORTSGESCHICHTEZIMMER

Wohnraum der Königin Marie.

Die Wandmalereien veranschaulichen im Gegensatz zum Schyrenzimmer nicht Wittelsbacher Geschichte, sondern Szenen aus dem langen und wechselvollen Schicksal der alten Burg. So sind hier Hiltpold von Schwangau, der Minnesänger, Prinz Konradin, der letzte Staufer, Martin Luther, der Reformator, dargestellt; Menschen, die hier lebten und mit der Geschichte dieser alten Burg verbunden sind.

BERCHTA-ZIMMER

Schreibzimmer der Königin Marie.

Karl der Große, der erste große Europäer, soll nach einer bayerischen Sage in der Reissmühle bei Gauting, in der Nähe des Starnberger Sees, geboren sein. Ihm und seiner Mutter Berchta sind die Wandmalereien gewidmet. Sie sind Gemeinschaftswerke verschiedener Maler und deshalb auch nicht signiert. Fr. X. Glink leitete die Arbeiten, A. Adam malte die Pferde und L. Quaglio die Jagdtiere.

Der Prunkpokal in der Mitte des Raumes (aus vergoldetem Messing) war ein Geschenk der Georgi-Ritter an den Prinzregenten Luitpold zur Feier seiner 50jährigen Mitgliedschaft.

Geschichte der Pfalzgräfin Agnes
von Wallerburg, Gemahlin Ottos des Größe
von Bayern, von 1159 bis 1190.

BURGFRAUENZIMMER

Wohn- und Audienzzimmer der Königin.

Die Wandmalereien im Schloss Hohenschwangau sind im allgemeinen auf Gipsgrund gemalte Fresken. Dieses Zimmer wurde 1849 renoviert. Hier wurden die Bilder von Fr. Giessmann in Öl auf Leinwand nach den ursprünglichen Vorbildern gemalt. Die Gemälde veranschaulichen das typische Leben einer Burgfrau im Mittelalter, hier die Darstellung des Lebens der Gemahlin des ersten Wittelsbacher Herzogs Otto l., Agnes von Wasserburg.

Sehr beachtenswert ist der große, silberne Kronleuchter mit Schwänen, dem Wappenzeichen des Schlosses. Der schwere, silberne Tafelaufsatz, ein Geschenk an den Prinzregenten Luitpold (1901), ist eine Nachbildung des Ludwigsbrunnens in Ludwigshafen.
Auf dem Kaminsims eine Lithographie der Königin Marie und zwei Büsten ihrer Kinder Ludwig und Otto (von Halbig, 1850).

Die Marmorbüste stellt König Otto l. dar. Er war der erste König der Griechen, ein Bruder König Maximilians II. und ein Onkel König Ludwigs II.
Die kleine Bronzestatuette zeigt Prinzregent Luitpold als Waidmann.

In der unteren Etage befanden sich die Wohngemächer der Königin, in der oberen Etage die des Königs.

Saga

Die Gemälde dieses Festsaales stellen die Wilkina-Sage dar, ein Teil des Sagenkreises um Dietrich von Bern, in Deutschland verschollen, aber durch Übertragung in Norwegen. Im 13. Jahrhundert überliefert.
Die Bilder gründen auf Entwürfen Moritz v. Schwinds, ausgeführt von Glink, Giessmann, Neher und Adam.
Eine besonders nette Szene ist in dem Gemälde „König Ermenrichs Fest in Rom“ festgehalten. Hier haben sich die Maler einen Scherz erlaubt und die drei berühmtesten Meister ihrer Zeit verewigt: Moritz v. Schwind, Peter Cornelius und Wilhelm Kaulbach. Sie sind rechts der Hauptszene bei einem Fass Wein zu sehen. Sie waren auch in ihrem Leben einem guten Trunk nicht abhold.

Die Holzschnitzerei auf dem Kaminsims ist Berchtesgadener Arbeit und stellt Prinzregent Luitpold dar.

Die Büste König Ludwigs II. aus Carrara-Marmor wurde 1869 von der Bildhauerin Elisabeth Ney angefertigt. Der König saß zu dieser Büste selber Modell.

Ankleideraum und Musikzimmer des Königs.

Die Wandmalereien dieses Raumes sind den Hohenstaufen gewidmet. Auf die Verbindung zwischen dem Herrschergeschlecht und Schloss Hohenschwangau wurde bereits hingewiesen. Aber auch zwischen Wittelsbachern und den Hohenstaufen bestanden enge Beziehungen. So rettete im 12. Jahrhundert ein Otto v. Wittelsbach dem berühmten Staufenkaiser Barbarossa (Friedrich l.) das Leben und wurde von ihm 1180 zum ersten Wittelsbacher Herzog von Bayern ernannt.

In diesem Raum ist vor allem das sehr schön gearbeitete Tafelklavier, der sogenannte Wagnerflügel aus Ahorn bemerkenswert. König Ludwig II., der selbst ein guter Pianist war, ließ sich hier von Richard Wagner aus dessen eigenen Werken vorspielen.

Die Hauskapelle im Erker wurde von Ludwig II. ausgestattet. Die beiden sehr kostbaren russischen Ikonen sind Geschenke des Zaren Alexander II. an König Ludwig II.
Das Kreuz ist aus Lapislazuli. Das hervorragende Christusrelief stammt von dem berühmten dänischen Bildhauer B. Thorvaldsen.

König Conradin auf der Flucht von Frangipani eingeholt. 1268.

DAS TASSOZIMMER

Nach Motiven des italienischen Dichters Torquato Tasso wurde das königliche Schlafzimmer ausgemalt. Dargestellt ist die Geschichte von Rinaldo und Armida nach Tassos „Befreites Jerusalem".

Sehr schön ist der farbenprächtige Teppich aus dem Besitz König Maximilians II.

1870 lag König Ludwig II., von fiebrigen Zahnschmerzen geplagt, hier zu Bett, als der Abgesandte Bismarcks, Graf Holnstein, eintraf und den berühmten „Kaiserbrief" überreichte. Nach stundenlangen Verhandlungen unterzeichnete der kranke König und stimmte damit der Wahl Wilhelms I. zum deutschen Kaiser zu.

DAS WELFENZIMMER

(ohne Abbildung)

Früher eine kleine Bibliothek.

Die Wandmalereien zeigen Szenen aus der Geschichte der Welfen, die im frühen Mittelalter als Herzöge von Bayern die Vorgänger der Wittelsbacher auf dem bayerischen Thron waren.

Der letzte bayerische Welfen-Herzog Heinrich der Löwe war der Gründer der Stadt München.

DAS AUTHARI-ZIMMER

So benannt nach einer alten bayerischen Sage von der Brautwerbung des Langobardenkönigs Authari um die Hand der bayerischen Prinzessin Theodelinde, Tochter Herzogs Garibald I. Die Bilder sind von Moritz von Schwind entworfen und wurden von Fr. X. Glink und dem Pferdemaler A. Adam ausgeführt. Richard Wagner übernachtete hier, wenn er als Gast in Hohenschwangau weilte.

DAS RITTERZIMMER

(ohne Abbildung)

Das Mobiliar besteht aus Libanon-Zedern. Die Prunkkassette in der Mitte des Raumes war ein Geschenk der bayerischen Städte an Prinzregent Luitpold zum 80. Geburtstag. Die Wandmalereien nach Entwürfen Moritz v. Schwinds zeigen das typische Leben eines mittelalterlichen Ritters. Das silberne Wappenschild wurde 1843 von den 155 bayerischen Adelsfamilien dem Kronprinzen Maximilian und seiner Braut Marie zu ihrer Vermählung überreicht.

Auf dem lederbezogenen Kanapee pflegte König Ludwig während seiner Audienzen zu sitzen.

Inmitten einer herrlichen Landschaft liegt das alte Schloss Hohenschwangau. Zu Füßen dieser Burg der Alpsee, um den einzigartige Wanderwege führen. ▶